• Die Sprachzeitung •

TRAININGSHEFT

Diagramme

verstehen und beschreiben

Prüfungstraining Deutsch als Fremdsprache

B2 – C1

von Corinna Gerhard

Carl Ed. Schünemann KG

Impressum

1. Auflage 2024 23 22 21
Alle Drucke dieser Auflage sind unverändert und können im Unterricht nebeneinander verwendet werden. Die letzte Zahl bezeichnet das Jahr des Drucks.

www.schuenemann-verlag.de | www.sprachzeitungen.de

Autorin: Corinna Gerhard

Redaktion: Anne-Kathrein Schiffer

Gestaltung und Satz: Christoph Lück

Coverabbildung: Adobe Stock

Printed in EU 2021

ISBN: 978-3-7961-1072-6

Training

Diagramm 1: Ausgaben für den privaten Konsum 5

Diagramm 2: Die neuen Azubis 10

Diagramm 3: Pflegebedürftig 15

Diagramm 4: Treibhausgase in Deutschland 20

Anwendung

Tipps und Strategien für die Prüfung 26

Checkliste: Grafiken/Diagramme beschreiben 29

Beispiel 1: Arbeitende Studierende (TestDaF, Mündlicher Ausdruck, Aufgabe 3) 30

Beispiel 2: So isst Deutschland (TestDaF, Mündlicher Ausdruck, Aufgabe 3) 31

Beispiel 3: Jugendliche und Alkohol (TestDaF, Mündlicher Ausdruck, Aufgabe 6) 32

Beispiel 4: Verbrauch von Plastiktüten (TestDaF, Mündlicher Ausdruck, Aufgabe 6) 33

Beispiel 5: Lernen mit Youtube (TestDaF, Schriftlicher Ausdruck) 34

Beispiel 6: Studium abgebrochen (TestDaF, Schriftlicher Ausdruck) 36

Beispiel 7: Auf Reisen (Goethe-Zertifikat C1, Schreiben) 38

Beispiel 8: Die Lücke beim Gehalt (Goethe-Zertifikat C1, Schreiben) 39

Beispiel 9: Fremdsprachen lernen (Goethe-Zertifikat C1, Schreiben) 40

Lösungen 41

Redemittel: Grafiken/Diagramme beschreiben 47

TRAINING

SALES PERFORMANCES
400
350
300
250
200
150
100
50
0
Sales A
Sales B
Sales C
Sales D
0
50
100
150
200
250

Diagramm 1

Ausgaben für den privaten Konsum

Im Jahr 2018 haben die privaten Haushalte rund 2704 Euro im Monat für ihren Konsum ausgegeben. Davon für:

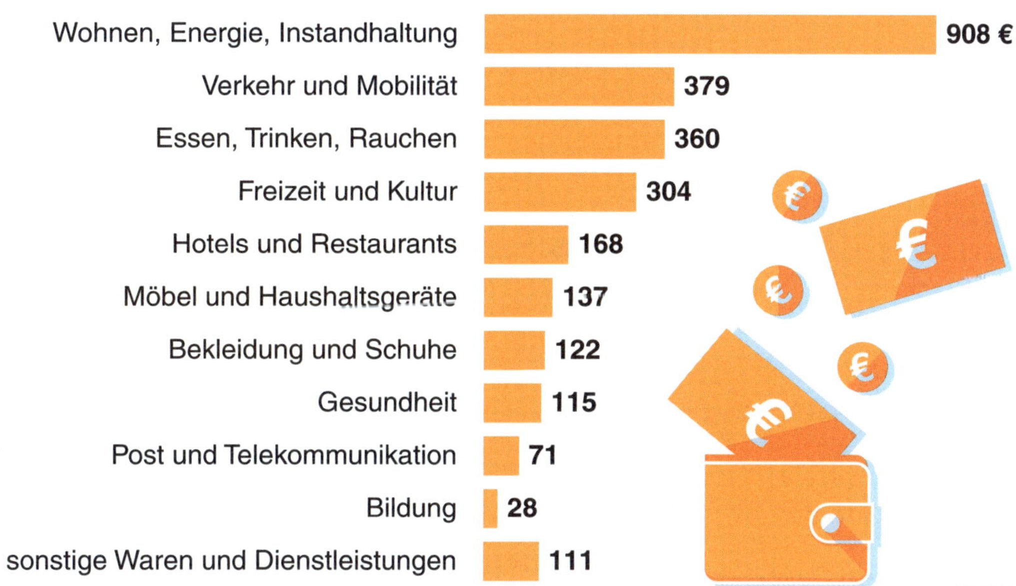

rundungsbedingte Differenz
Befragung von rund 60 000 Haushalten in Deutschland
Quelle: Statistisches Bundesamt (EVS 2018)

© Globus 13786

Infografik: Picture Alliance/dpa Infografik

1 Welche Satzteile passen zusammen? Kombinieren Sie.

a	Nehmen Sie sich Zeit	A	stammen die Informationen?
b	In der Überschrift	B	die Angaben in der Tabelle?
c	Wird eine Entwicklung	C	beim Betrachten des Diagramms auf?
d	Aus welcher Quelle	D	werden die Daten dargestellt?
e	Von wann sind	E	beim Betrachten der Grafik!
f	In welcher Maßeinheit	F	oder ein Zustand dargestellt?
g	Was fällt Ihnen	G	finden Sie Informationen zum Thema.

a E b .... c .... d .... e .... f .... g ....

2 Betrachten Sie das Diagramm. Kreuzen Sie die richtige Antwort an.

a) Was ist das Thema?

A ◯ Dem Diagramm kann man Informationen zur Aufteilung der 2704 Euro entnehmen, die 2018 ausgegeben wurden.

B ◯ Das Diagramm informiert über die monatlichen Ausgaben für den privaten Konsum im Jahr 2018.

C ◯ Das Thema des Diagramms ist Wohnen, Energie und Instandhaltung bis zum Jahr 2018.

D ◯ Das Diagramm stellt die Entwicklung der Ausgaben für den privaten Konsum bis zum Jahr 2018 dar.

Lerntipp: Jahresangaben im Deutschen

Auf Deutsch kann man die Jahreszahl entweder **ohne** Präposition angeben oder mit **im Jahr.**

2019 *stieg der Preis.* Oder: ***Im Jahr 2019*** *stieg der Preis.*

Die Variante **in + Jahreszahl** *(z. B. in 2020)* ist aus dem Englischen übernommen und wird im Wirtschaftsdeutschen immer häufiger verwendet, ist aber streng genommen nicht korrekt.

b) Um welche Diagrammart handelt es sich?

A ◯ Es handelt sich um ein Kreisdiagramm, das das Verhältnis der Anteile zum Ganzen veranschaulicht.

B ◯ Das Beispiel ist ein Säulendiagramm. Es stellt Ergebnisse zu einem bestimmten Zeitpunkt als Säulen dar, ähnlich wie zum Beispiel Wahlergebnisse.

C ◯ Die Grafik ist ein Organigramm und bildet eine Struktur ab, zum Beispiel innerhalb eines Unternehmens oder einer Organisation.

D ◯ Verwendet wird hier ein Balkendiagramm, um verschiedene Mengen in einem Zeitabschnitt miteinander zu vergleichen.

E ◯ Das vorliegenden Kurven- oder Liniendiagramm zeigt eine zeitliche Entwicklung.

3 Vergleichen Sie mit dem Diagramm. Streichen Sie die falschen Informationen durch.

a Das Diagramm liefert Informationen zum Jahr 2018 / vor dem Jahr 2018 / für die Jahre 2018 und 2019.

b Als Quelle des Diagramms ist Eurostat / die Deutsche Presse-Agentur (dpa) / das Statistische Bundesamt angegeben.

c Die Daten stammen aus einer Befragung von ca. 60 000 Haushalten / einer Schätzung von ca. 60 000 Experten in Deutschland / einer Online-Befragung von ca. 60 000 Personen.

d Die Angaben sind in Millionen / Euro / Prozent dargestellt.

4 Betrachten und lesen Sie das Diagramm genauer. Kreuzen Sie die richtige Antwort an.

a) Was wird in dem Diagramm verglichen?

A ◌ die Ausgaben für den privaten Konsum mit den Einnahmen

B ◌ die Ausgaben der unterschiedlichen Jahre

C ◌ die Ausgaben für unterschiedliche Kategorien des privaten Konsums

b) Was ist in der Grafik mit *Haushalte* gemeint?

A ◌ Personen, die zusammen leben und wirtschaften

B ◌ Häuser in einer Stadt oder Region

C ◌ Kleine und mittlere Firmen und Unternehmen

c) Was bedeutet die Angabe *rundungsbedingte Differenz?*

A ◌ Da die Zahlen auf der Befragung von ca. 60 000 Haushalten beruhen, können kleinere Ungenauigkeiten auftreten.

B ◌ Die Zahlen der einzelnen Kategorien wurden gerundet und ergeben daher insgesamt nicht 2704.

C ◌ Die Angaben wurden geschätzt und somit kann es zu Differenzen mit der Gesamtmenge kommen.

5 Vergleichen Sie die Sätze mit den Angaben in der Grafik. Markieren Sie die richtigen Informationen.

a Die Ausgaben der Haushalte betragen insgesamt etwa 2704 € im Jahr / im Monat.

b Die Grafik vergleicht die Ausgaben für den privaten Konsum in elf / in zwölf verschiedenen Kategorien.

c An erster Stelle befindet sich „Wohnen, Energie und Instandhaltung" mit 908 € / 379 € im Monat.

d Auf Platz zwei und drei stehen die Punkte „Verkehr und Mobilität" sowie „Essen, Trinken und Rauchen", für die deutlich weniger / etwas weniger ausgegeben wurde.

e An letzter Stelle der genannten Kategorien befindet sich die Bildung, für die die Haushalte am wenigsten / am meisten monatlich ausgegeben haben.

6 Ergänzen Sie die Satzanfänge. Bringen Sie die Satzteile in die richtige Reihenfolge.

a ~~Auffällig ist,~~ / Wohnen, Energie und Instandhaltung / in Deutschland verursachten. / wie hohe Kosten

Auffällig ist, ...

....

b ~~Mich überrascht,~~ / monatlich ausgegeben wurde. / nur sehr wenig Geld / dass für Bildung

Mich überrascht, ...

....

c ~~Zusammenfassend kann man sagen,~~ / etwa ein Drittel ihrer Ausgaben / aufgewendet haben. / für Wohnen und damit verbundene Kosten / dass Haushalte in Deutschland 2018

Zusammenfassend kann man sagen, ...

....

....

7 Ergänzen Sie die Redemittel.

an – Auf – ben – ent – fäl – fert – for – ge – ge – ge – geht –
in – lie – lig – men – men – miert – nannt – neh – stam – stellt – zeigt

a) Was ist das Thema der Grafik?

Das Diagramm ... i.............................. über ...

Das Kurvendiagramm z................ wie viele ...

b) Woher sind die Daten? Wie werden sie dargestellt?

Als Quelle der Angaben wird ... g........................ .

Alle Daten s........................ aus einer Online-Befragung / einer Umfrage von ...

Die Werte sind in Tausend / in Prozent / in Millionen a........................

Die Grafik s.................. die Aufteilung in ... dar.

c) Was beschreibt die Grafik / das Diagramm / die Tabelle?

Dem Kurvendiagramm lässt sich ... e........................ , dass ... / wie viele ...

A........................ ist, dass...

Das Balkendiagramm I................ Informationen über/zu ...

Aus der Grafik g............ hervor, dass ...

8 Lesen Sie die Beschreibung des Diagramms. Ergänzen Sie die passende Bezeichnung in der linken Spalte.

~~Einleitung~~ – Quelle, Befragung – Schluss – Auffälliges, Besonderheiten – Aufbau, Diagrammart – Titel und Thema – Meinung und Vermutungen – Hauptteil: Ergebnisse

Einleitung	Wofür geben die Deutschen jeden Monat ihr Geld aus? Antworten auf diese Frage liefert das vorliegende Diagramm.
	Das Diagramm „Ausgaben für den privaten Konsum" informiert über die Ausgaben von Haushalten in Deutschland für den privaten Konsum im Jahr 2018.
	Die Angaben stammen aus einer Befragung von etwa 60 000 Haushalten in Deutschland. Als Quelle ist das Statistische Bundesamt angegeben.
	Die monatlichen Ausgaben für elf unterschiedliche Kategorien werden anhand eines Balkendiagramms dargestellt und verglichen. Die Angaben sind in Euro.
	Insgesamt betragen die Ausgaben der Haushalte für den privaten Konsum 2704 € im Monat. An erster Stelle der elf Kategorien befindet sich „Wohnen, Energie und Instandhaltung" mit 908 €. Danach folgen die Punkte „Verkehr und Mobilität" sowie „Essen, Trinken und Rauchen", für die deutlich weniger ausgegeben wurde. An letzter Stelle befindet sich Bildung mit nur 1% der Gesamtausgaben.
	Auffällig ist, dass für Bildung so wenig Geld monatlich ausgegeben wurde.
	Das hätte ich nicht erwartet. Ich glaube, dass in meinem Heimatland mehr Geld für Bildung bezahlt werden muss, zum Beispiel für Universitätsgebühren.
	Zusammenfassend kann man sagen, dass Haushalte in Deutschland 2018 etwa ein Drittel ihrer Ausgaben für Wohnen und damit verbundene Kosten aufgewendet haben.

Lerntipp: Diagramme beschreiben

Wenn Sie wie in Aufgabe 8 Diagramme beschreiben, müssen Sie normalerweise nicht jeden einzelnen Punkt und nicht alle Zahlen erwähnen. Es genügt meist, die Extreme zu nennen und die Werte im Mittelfeld zusammenzufassen. Zusätzlich sollten Sie Besonderheiten, die auffallen, kurz beschreiben.

Diagramm 2

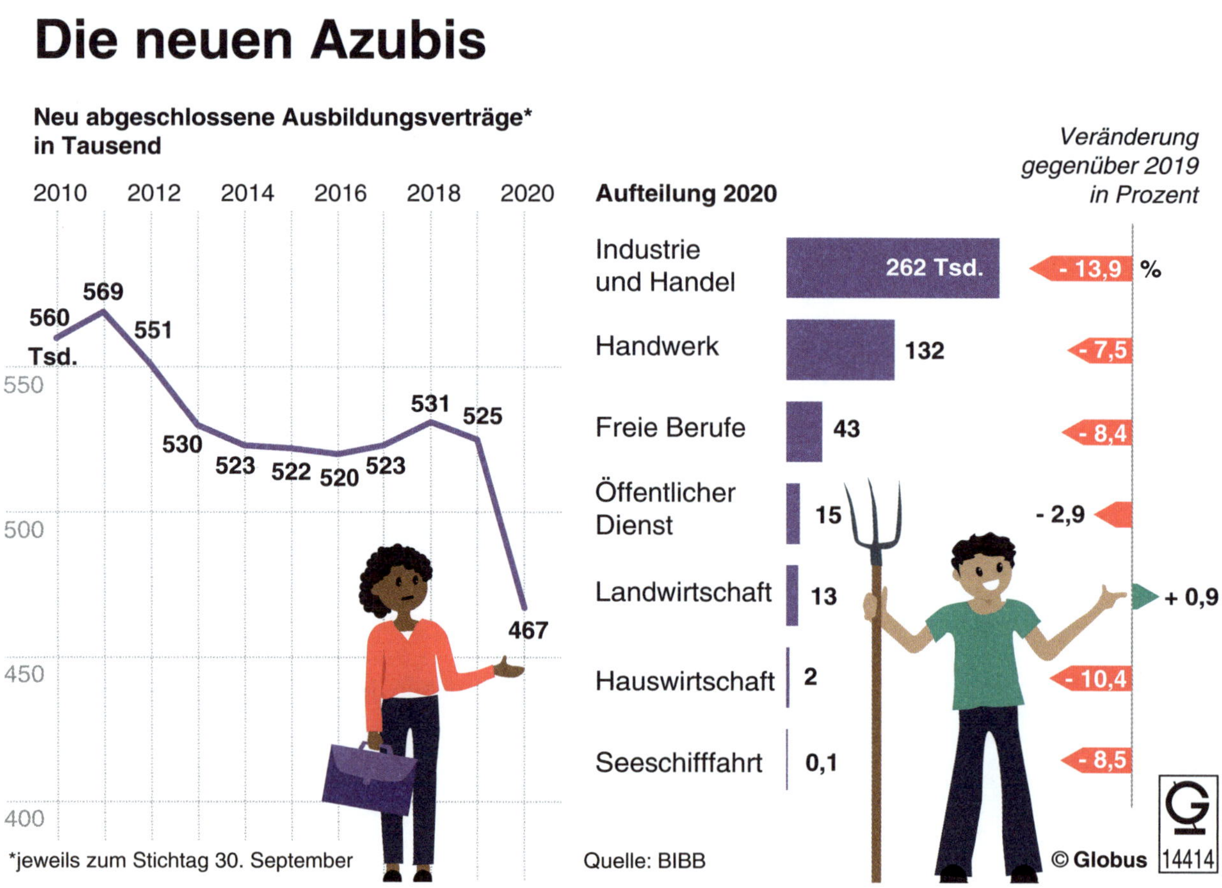

Infografik: Picture Alliance/dpa Infografik

1 Betrachten Sie die Grafik. Welche Informationen fehlen in den folgenden Sätzen? Ergänzen Sie.

a Die Grafik mit dem Titel D……… n……… A……… informiert über neu abgeschlossene A……… v……… in Deutschland. Sie besteht aus drei Teilen.

b Das K……… d……… im ersten Teil zeigt, wie viele Ausbildungsverträge im Zeitraum von 2……… bis 2……… neu abgeschlossen worden sind.

c Der zweite Teil der Grafik stellt die Aufteilung der Azubis im Jahr 2……… in unterschiedliche Branchen anhand eines B……… d……… dar.

d Die Werte im dritten Teil der Grafik geben die V……… der abgeschlossenen Ausbildungsverträge im Jahr 2020 gegenüber dem Jahr 2019 in P……… an.

2 Vergleichen Sie die Sätze mit der Grafik. Wählen Sie richtig oder falsch.

a Als Quelle der Angaben wird das Bundesinstitut für Berufsbildung (BIBB) genannt.

- ◯ richtig
- ◯ falsch

b Alle Daten stammen aus einer Online-Befragung vom 30. September 2018.

- ◯ richtig
- ◯ falsch

c Die neu abgeschlossenen Ausbildungsverträge sind in der Grafik in Tausend angegeben.

- ◯ richtig
- ◯ falsch

Lerntipp: Steigerungsformen von Adjektiven

In Grafikbeschreibungen müssen Sie fast immer Werte miteinander vergleichen. Dazu brauchen Sie Adjektive in gesteigerten Formen. In Aufgabe 3 werden Steigerungsformen verwendet, um Zahlen zu vergleichen: ***die meisten Azubis, die Zahl war höher als*** usw. Wiederholen Sie die wichtigsten Formen der Adjektivsteigerung:

Adjektiv im Positiv	Komparativ	Superlativ
hoch	höher	am höchsten
viel	mehr	am meisten
gern	lieber	am liebsten
gering	geringer	am geringsten
lang	länger	am längsten
kurz	kürzer	am kürzesten

3 Bringen Sie die Satzteile in die richtige Reihenfolge und schreiben Sie die Sätze.

a lässt sich / Dem vorliegenden Kurvendiagramm / im Zeitraum 2010 bis 2020 / entnehmen / die Entwicklung der Ausbildungsverträge in Deutschland.

....

....

....

....

b mit 569 000 am höchsten war. / der neuen Azubis 2011 / dass die Zahl / Es fällt auf,

....

....

c liefert Informationen über / Das Balkendiagramm / in sieben verschiedene Branchen. / die Aufteilung der Ausbildungsverträge

....

....

....

d abgeschlossen worden sind. / im Bereich Industrie und Handel / Aus der Grafik geht hervor, / dass die meisten Ausbildungsverträge 2020

....

....

....

e wie die Branche Industrie und Handel aufweisen kann. / An zweiter Stelle / das nur etwa halb so viele neue Azubis / befindet sich das Handwerk,

....

....

....

4 Welche Ergänzung ist richtig? Kreuzen Sie an.

a) Dem Kurvendiagramm kann man entnehmen, ...

A ◌ dass es im Jahr 2011 mit 569 000 die wenigsten neuen Azubis gab.

B ◌ dass es im Jahr 2011 mit 569 000 die meisten neuen Azubis gab.

b) 2010 war die Anzahl der neu abgeschlossenen Ausbildungsverträge ...

A ◌ nicht so hoch wie 2011.

B ◌ höher als 2011.

c) Zwischen 2011 und 2013 ...

A ◌ ist die Zahl der Ausbildungsverträge etwa gleich geblieben.

B ◌ ist die Zahl der Ausbildungsverträge leicht gesunken.

d) Schließlich ist die Anzahl der neuen Azubis im Jahr 2020 ...

A ◌ um 467 000 zurückgegangen.

B ◌ auf 467 000 zurückgegangen.

5a) Lesen Sie den ersten Teil der Grafikbeschreibung und ergänzen Sie die fehlenden Wörter und Wendungen.

Prozent – anhand eines Balkendiagramms – Als Quelle – informiert über – im Zeitraum von – mit dem Titel – lässt sich entnehmen – vergleicht

A Viele junge Leute beginnen jeweils im Herbst in Deutschland ihre Ausbildung in unterschiedlichen Berufen.
Die vorliegende Grafik .... „Die neuen Azubis" liefert nähere Informationen dazu.

B Die Grafik besteht aus drei Teilen und .... die jeweils bis zum 30. September abgeschlossenen Ausbildungsverträge in Tausend.

C Das Kurvendiagramm im ersten Teil veranschaulicht, wie viele Ausbildungsverträge .... 2010 bis 2020 neu abgeschlossen wurden.

D Der zweite Teil der Grafik stellt die Aufteilung der Azubis im Jahr 2020 in unterschiedliche Branchen .... dar.

E Der dritte Teil der Grafik .... die Jahre 2019 und 2020 und gibt die Veränderung in der Anzahl der abgeschlossenen Ausbildungsverträge in .... an.

F .... wird das Bundesinstitut für Berufsbildung (BIBB) genannt.

G Dem Kurvendiagramm ...., dass es im Jahr 2011 mit 569 000 die meisten neuen Azubis gab.

b) Lesen Sie den zweiten Teil der Grafikbeschreibung und ergänzen Sie die fehlenden Wörter und Wendungen. Es gibt mehrere richtige Möglichkeiten.

A 2013 .... die Zahl der Ausbildungsverträge auf 530 Tausend und blieb dann bis 2019 etwa gleich niedrig.

B Von 2019 auf 2020 .... die Anzahl der abgeschlossenen Ausbildungsverträge stark ...., nämlich um gut 10 % auf 467 000.

C Das .... liefert Informationen über die Aufteilung der Ausbildungsverträge im Jahr 2019 in sieben unterschiedlichen Branchen.

D Aus der Grafik geht hervor, dass .... Ausbildungsverträge im Bereich Industrie und Handel abgeschlossen wurden.

E .... befindet sich das Handwerk mit etwas weniger als der Hälfte neuer Auszubildender im Vergleich zu Industrie und Handel.

F ...., dass der Bereich Gastronomie in dieser Aufteilung nicht vorkommt.

G Den prozentualen Angaben im dritten Teil der Grafik kann man ...., dass die .... Rückgänge in den Bereichen Industrie und Handel sowie Hauswirtschaft zu verzeichnen sind.

H Auch für die Bereiche Handwerk, Freie Berufe und Seeschifffahrt sind die neu abgeschlossenen Ausbildungsverträge um etwa 8 % ....

I Allein im Bereich Landwirtschaft ist ein schwacher .... abgeschlossener Ausbildungsverträge um knapp 1% im .... zum Jahr 2019 festzustellen.

J Letztlich ...., dass sich in Deutschland immer mehr junge Leute entweder für ein Studium entscheiden oder möglicherweise die Corona-Krise für weniger abgeschlossene Ausbildungsverträge verantwortlich ist.

Diagramm 3

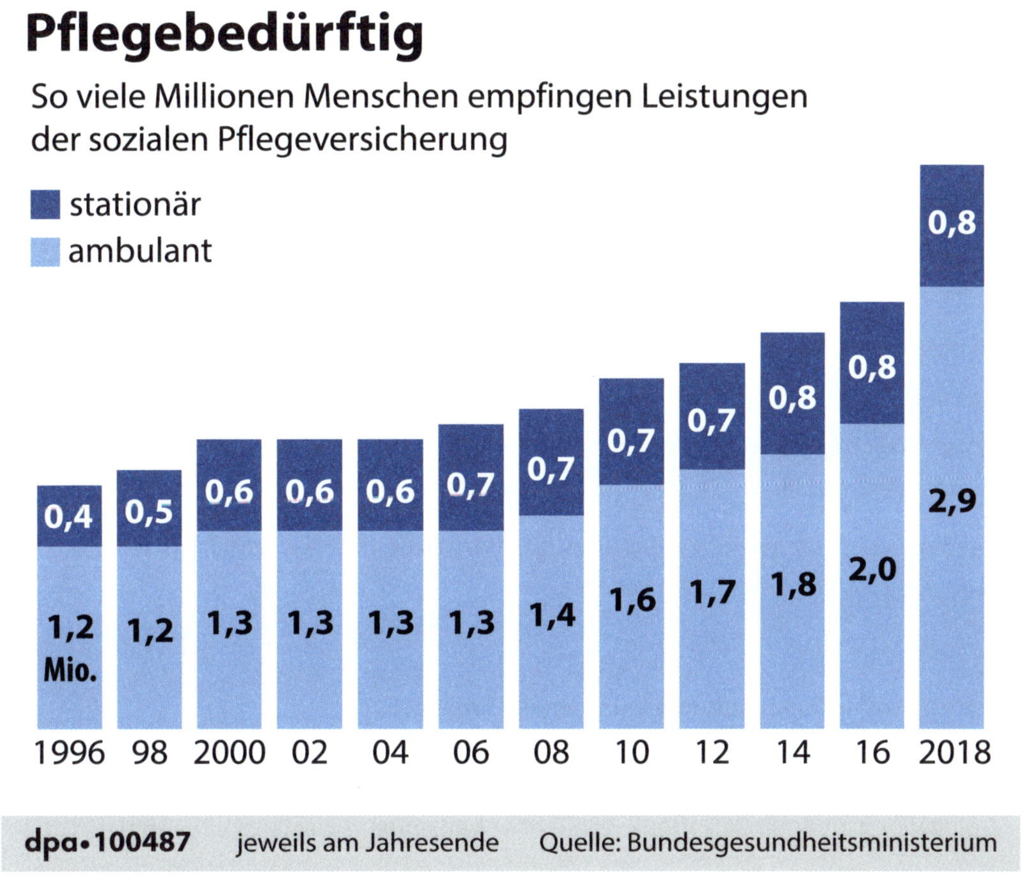

Infografik: Picture Alliance/dpa Infografik

1 Was bedeuten die Begriffe aus der Grafik? Ordnen Sie zu.

a	pflegebedürftig	A	wenn man professionell gepflegt wird, aber zu Hause lebt
b	stationär	B	wenn man wegen Alter und/oder Krankheit nicht mehr selbstständig leben kann und Unterstützung benötigt
c	ambulant	C	wenn man in einer Klinik oder einem Seniorenheim untergebracht ist und dort versorgt wird

2 Um welche Diagrammart handelt es sich?

....

....

3 Betrachten Sie das Diagramm. Was ist das Thema? Ergänzen Sie.

Das Diagramm „Pflegebedürftig" informiert darüber, wie viele ....

....

....

4 Was wird verglichen? Kreuzen Sie an.

Das Diagramm vergleicht ...

a ◯ die Entwicklung der Beiträge zur sozialen Pflegeversicherung zwischen 1996 und 2018, unterteilt in stationär und ambulant.

b ◯ den Unterschied zwischen stationärer und ambulanter Pflegeversicherung in Millionen im Zeitraum von 1996 bis 2018.

c ◯ die Anzahl der Menschen, die zwischen 1996 und 2018 finanzielle Unterstützung von der sozialen Pflegeversicherung bekommen haben.

5 Welche Ergebnisse kann man dem Diagramm entnehmen? Ergänzen Sie.

an – de – det – dop – for – ge – ge – gen – gen – in – lie – miert – pelt – sen – schei – stie – ter – un – ver – vor – wach

a Das v.............................. Diagramm „Pflegebedürftig" zeigt, dass die Zahl der Menschen, die finanzielle Unterstützung von der Pflegeversicherung bekommen haben, im Zeitraum von 1996 bis 2018 stark a.............................. ist.

b Das Säulendiagramm i.............................. dabei zum einen über die Zahl der Menschen in Millionen pro Jahr und u.............................. zusätzlich zwischen Menschen, die im Krankenhaus oder im Seniorenheim gepflegt werden, und Menschen in ambulanter Pflege.

c Während sich die Zahl der Menschen, die Leistungen zur stationären Pflege erhalten haben, bis 2018 v.............................. hat, ist die Zahl der Menschen in ambulanter Pflege um das Zweieinhalbfache g.............................. .

6 Entwicklungen: Welche Ausdrücke haben dieselbe Bedeutung? Kombinieren Sie.

a	minus 50 %	A	um etwa ein Drittel ansteigen
b	plus 25 %	B	stagnieren, gleich bleiben, unverändert sein
c	plus 33 %	C	knapp, fast
d	plus minus 0	D	sich verdoppeln
e	plus 50 %	E	um ein Viertel zunehmen
f	plus 100 %	F	sich halbieren
g	nicht ganz	G	um die Hälfte wachsen

a .... b .... c .... d .... e .... f .... g ....

Lerntipp: Vergleichssätze mit **während**

Mit **während** kann man nicht nur einen **temporalen Nebensatz** einleiten:
Während ich schlafe, klingelt das Telefon.
Man kann **während** außerdem verwenden, um einen **Vergleich** auszudrücken:
Während sich A verdoppelt, bleibt B gleich.

7 Betrachten Sie die Grafik und rechnen Sie. Ergänzen Sie dann die Vergleichssätze mit den geeigneten Ausdrücken im Präteritum.

um ein Viertel zunehmen – auf fast das Zweieinhalbfache wachsen – stagnieren – sich verdoppeln – unverändert sein – gleich bleiben – um fast die Hälfte zunehmen – um knapp ein Drittel ansteigen

a Im Zeitraum von 1996 bis 2018 .... die Zahl der Menschen, die stationäre Pflege benötigten, während die Zahl der ambulant pflegebedürftigen Menschen ....

b Im ersten Zeitabschnitt von 1996 bis 1998 .... die Zahl der Menschen, die ambulante Pflege benötigten, während die Zahl der stationär pflegebedürftigen Menschen ....

c Während die Zahl der ambulant Pflegebedürftigen zwischen 2006 und 2012 ...., ... die Zahl der stationär Pflegebedürftigen ....

d Es fällt auf, dass die Menge der ambulant pflegebedürftigen Personen von 2016 auf 2018 ...., während die Menge der stationär pflegebedürftigen Personen ....

8a) Kombinieren Sie die Redemittel zu Meinungen und Vermutungen.

a	Meiner Meinung	A	dass
b	Ich glaube / vermute,	B	nahe, dass
c	Ich nehme	C	könnte sein
d	Mögliche Gründe	D	eine große Rolle, dass
e	Die Ergebnisse legen	E	nach
f	Ein weiterer Faktor	F	an, dass
g	Wahrscheinlich spielt	G	könnten sein

a .... b .... c .... d .... e .... f .... g ....

b) Wählen Sie drei Redemittel (siehe Seite 47 f.) aus.

- **Was ist Ihre Meinung zur Entwicklung der Pflegebedürftigen in Deutschland?**
- **Was vermuten Sie?**
- **Schreiben Sie mit jedem Redemittel einen Beispielsatz.**

hohe Lebenserwartung – Geburtenrückgang – medizinischer Fortschritt – kleinere Familien

....

....

....

....

....

....

....

....

....

9a) Lesen Sie zunächst die Einleitung. Ordnen Sie die Buchstaben und ergänzen Sie.

In Deutschland muss man (geträBei) .... zur sozialen Pflegeversicherung bezahlen und kann später Leistungen dieser Versicherung in (chspAnru) .... nehmen, wenn man pflegebedürftig wird.

Tipp:
Es gibt mehrere richtige Möglichkeiten.

b) Lesen Sie die Grafikbeschreibung und ergänzen Sie.

A Die vorliegende Grafik mit dem Titel „Pflegebedürftig" ....

....

.... im Zeitraum von 1996 bis 2018 ....

B .... Deutschen Presse-Agentur ....

.... Bundesgesundheitsministerium ....

C Das Säulendiagramm vergleicht dabei ....

.... in Millionen pro Jahr.

D Zusätzlich wird zwischen der Unterstützung für zwei unterschiedliche Gruppen pflegebedürftiger Menschen unterschieden: Menschen, ...

....

....

E Während ....

....

.... auf das Zweieinhalbfache gewachsen.

F Meiner Meinung nach ....

....

....

G Ich vermute, ...

....

....

H In meinem Heimatland ....

....

....

Diagramm 4

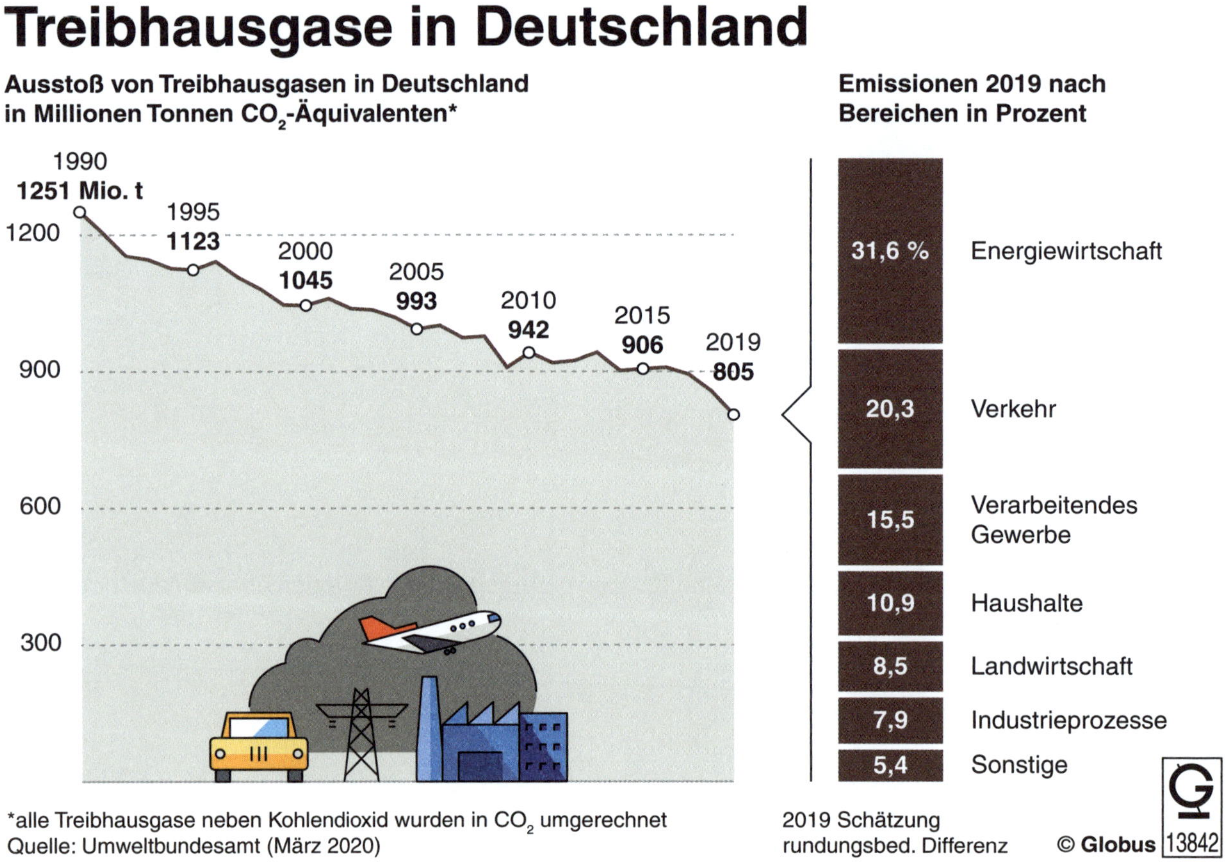

Infografik: Picture Alliance/dpa Infografik

1 Betrachten Sie die Grafik. Ergänzen Sie die Satzanfänge.

a Das Thema der vorliegenden Grafik ....

b Die Grafik besteht aus zwei Teilen. Das Kurvendiagramm auf der linken Seite zeigt ....

Die Angaben auf der rechten Seite der Grafik informieren darüber, ...

c Als Quelle der Informationen ....

....

Die Angaben zum Jahr 2019 beruhen auf ....

d Das Kurvendiagramm liefert das Ergebnis, dass ....

....

Den Angaben rechts kann man entnehmen, dass ....

....

....

Lerntipp: Wichtige Verben

Wiederholen Sie die Vergangenheitsformen (Präteritum und Perfekt) wichtiger Verben zum Beschreiben von Entwicklungen und Vergleichen:

+		
Infinitiv	**Präteritum** (3. Person Singular)	**Perfekt** (3. Person Singular)
(an)steigen	stieg (an)	ist (an)gestiegen
wachsen	wuchs	ist gewachsen
größer werden	wurde größer	ist größer geworden

–		
Infinitiv	**Präteritum** (3. Person Singular)	**Perfekt** (3. Person Singular)
sinken	sank	ist gesunken
zurückgehen	ging zurück	ist zurückgegangen
fallen	fiel	ist gefallen

2 Ergänzen Sie die Sätze. Bringen Sie dazu die Teile in die richtige Reihenfolge und passen Sie die Form der Verben an.

a fallen / im / 1251 Millionen Tonnen / Jahr 1990 / von / 805 Millionen Tonnen / im Jahr 2019 / auf

Der Ausstoß von Treibhausgasen ....

....

....

b weniger werden / nicht stetig / und 2010 / 1995 bis 1996 /, sondern immer wieder / kurz steigen, / sowie zwischen 2009 / zum Beispiel von / die Menge an Treibhausgasen

Auffällig ist dabei, dass ....

....

....

....

c bis / zurückgehen / 2019 / um / der Ausstoß / von Treibhausgasen / ein Drittel / mehr als

Im Vergleich zum Jahr 1990 ....

....

....

3 Betrachten Sie die Emissionen im Jahr 2019. Welche Ergebnisse sind interessant? Ergänzen Sie die Lösungen und fügen Sie passende Verben hinzu.

an zweiter Stelle ... – knapp ein Drittel der Emissionen ... – etwas mehr als 10 % ... – auf einer der hinteren Positionen ...

a *Es überrascht mich, dass die Energiewirtschaft* ....

....

b *Ich hätte nicht gedacht, dass private Haushalte* ....

....

c *Interessant finde ich, dass die Landwirtschaft* ....

....

d *Auffällig ist, dass der Verkehr* ....

....

4 Welche Ursachen könnte es für die Ergebnisse der Grafik geben? Ergänzen Sie die Sätze.

ein weiterer Faktor – meiner Ansicht nach – zu den in der Grafik dargestellten Ergebnissen beitragen – einen wichtigen Beitrag – ich kann mir vorstellen – nicht zuletzt glaube ich, dass – vermutlich – eine große Rolle spielen

a ……………………………………, dass die Umweltauflagen in der Industrie

…………………………………………… .

b …………………………… könnte das Umweltbewusstsein in der Bevölkerung sein, das seit 1990 gestiegen ist.

c …………………………… wirken sich die Beschränkungen im Verkehr positiv auf den Ausstoß an Treibhausgasen aus.

d …………………………………… für die positive Entwicklung leisten

…………………………… die EU-Gesetze und internationalen Klimaziele, die von vielen Staaten angestrebt werden.

e …………………………………………… moderne Wirtschaftsmethoden

die Menge der Treibhausgase verringern und ……………………………………

…………………………………………………………… .

5 Ergänzen Sie die Grafikbeschreibung.

a) Beschreiben Sie die Grafik und nennen Sie das Thema.

~~Titel~~ – Thema – Quelle – Kurvendiagramm – Tabelle

Die Grafik „Treibhausgase in Deutschland" informiert ……………………

……………………………………………………………

……………………………………………………………

……………………………………………………………

……………………………………………………………

……………………………………………………………

……………………………………………………………

……………………………………………………………

b) Fassen Sie die Ergebnisse der Grafik zusammen. Welche Punkte finden Sie interessant?

Ergebnisse: Entwicklung – Ergebnisse: Emissionen im Jahr 2019

Auffällig finde ich

c) Wie kommt es zu den Ergebnissen? Welche weiteren Maßnahmen sind notwendig? Stellen Sie Vermutungen an.

Umweltbewusstsein – Umweltauflagen – Klimaziele – Flugreisen

ANWENDUNG

SALES PERFORMANCES
400
350
300
250
200
150
100
50
0
Sales A
Sales B
Sales C
Sales D
0
50
100
150
200
250

Tipps und Strategien für die Prüfung

Auf den folgenden Seiten bereiten wir Sie zum einen mit Tipps und Strategien auf anstehende DaF-Prüfungen vor. Zum anderen machen wir Sie mit möglichen Prüfungsformaten der Prüfungen TestDaF (Papierform) und Goethe-Zertifikat C1 vertraut. Wir konzentrieren uns auf diese Sprachprüfungen, weil in ihnen im entsprechenden Prüfungsteil die Grafikbeschreibung im Mittelpunkt steht, so wie sie in diesem Heft geübt und trainiert wird. Die folgenden Inhalte verstehen sich als zusätzliches Trainingsangebot für Ihre individuelle Vorbereitung. Sie erheben nicht den Anspruch, Modelltests gängiger DaF-Sprachprüfungen abzubilden.

A Vorbereitung auf die Prüfung

- Machen Sie sich vertraut mit dem Inhalt und dem Ablauf der Prüfung, die Sie ablegen möchten:
  - Was genau wird in der Prüfung verlangt?
  - Welche Diagramme, welche Themen, welche Aufgaben sind typisch?
  - Wie lange dauert der Prüfungsteil und wie viel Vorbereitungszeit unmittelbar vor der Prüfung haben Sie?
  - Im Internet können Sie sich in der Regel Modellsätze von Prüfungen bei den jeweiligen Anbietern herunterladen.
- Lernen Sie wichtige Redemittel zur Grafikbeschreibung auswendig und üben Sie diese.
- Trainieren Sie Grafikbeschreibungen mithilfe einer Checkliste wie auf Seite 29.
- Achten Sie auf Grafiken im Alltag, lesen und besprechen Sie diese mit Ihrer Lerngruppe.
- Lesen Sie z. B. Tageszeitungen oder sehen Sie sich Nachrichtensendungen an.

Grafikbeschreibungen können innerhalb der Prüfung in schriftlicher oder mündlicher Form verlangt werden. Abhängig davon unterscheidet sich Ihre Prüfungsvorbereitung:

Schriftliche Prüfung	**Mündliche Prüfung**
– Schreiben Sie eigene Beispielsätze mit den Redemitteln. – Schreiben Sie Probetexte und kontrollieren Sie dabei die Zeit. – Lesen Sie die Probetexte erneut und korrigieren Sie Fehler zunächst selbst. – Lassen Sie sich, wenn möglich, in einem zweiten Schritt von Muttersprachlern unterstützen. – Lernen Sie fehlendes Vokabular und Redemittel.	– Üben Sie mündliche Beispielsätze mit den Redemitteln. – Nehmen Sie Beispielsätze auf und kontrollieren Sie dabei die Zeit. – Hören Sie Ihre Aufnahmen kritisch an, verbessern Sie und nehmen Sie sie erneut auf. – Üben Sie die Aussprache und lernen Sie fehlendes Vokabular. – Lassen Sie sich dabei von Muttersprachlern unterstützen, wenn möglich.

B Zu Beginn der Prüfung

Die Prüfung beginnt, Sie haben Zeitdruck und sind vermutlich aufgeregt. Deswegen ist es besonders wichtig, dass Sie ruhig und gut strukturiert vorgehen:

1. Lesen Sie die Aufgabenstellung konzentriert und markieren Sie wichtige Angaben.

- Was wird verlangt?
  - Grafikbeschreibung, Ergebnisse, Auffälligkeiten?
  - Sollen Sie Daten/Ergebnisse miteinander vergleichen?
  - Sollen Sie Ihre Meinung zur Grafik erläutern?
  - Sollen Sie etwas mit Ihrem Heimatland vergleichen?
  - Sollen Sie Vermutungen zu den Ergebnissen anstellen?
  - Sollen Sie Hypothesen über zukünftige Entwicklungen aufstellen?

Schriftliche Prüfung	Mündliche Prüfung
– Welche weiteren Aufgaben gibt es?	– Wie ist die Situation (z. B. Uniseminar)?
– Welcher Umfang wird verlangt?	– Wie viel Sprechzeit ist vorgesehen?
– Wie viel Zeit steht zur Verfügung?	– Gibt es noch weitere Aufgaben?

2. Betrachten Sie die Grafik / das Diagramm genau:

- Nach welchen Informationen wird in der Aufgabenstellung gefragt?
- Was ist das Thema? Was wird gezeigt? Wie ist der Aufbau?
- Von wann ist die Grafik? Aus welcher Quelle stammt sie?
- Handelt es sich um einen Zustand zu einem bestimmten Zeitpunkt oder um eine Entwicklung in einem Zeitabschnitt?
- Welche Maßeinheit wird verwendet? (Millionen, Prozente, Euro usw.?)
- Welche Informationen sind wichtig? Welche Ergebnisse, Extremwerte und Tendenzen gibt es?
- Was ist interessant? Was fällt Ihnen auf? Fehlt etwas?

3. Markieren Sie wichtige Punkte und Ideen:

- Machen Sie sich Notizen in Stichworten.
- Sortieren und priorisieren Sie: Was ist wichtig? Was erscheint Ihnen interessant? Was möchten Sie hervorheben?

C Während der Prüfung

- Berücksichtigen Sie die Aufgabenstellung und die Zeitvorgabe.
- Orientieren Sie sich am Aufbau der Grafikbeschreibung: Titel, Thema, Quelle, Ergebnisse, Besonderheiten, Vermutungen (siehe Checkliste, Seite 29).
- Verwenden Sie passende Redemittel zur Grafikbeschreibung.

Schriftliche Prüfung	Mündliche Prüfung
– Verfassen Sie einen Text mit Einleitung, Hauptteil, Schluss. – Verbinden Sie einzelne Textabschnitte mit Überleitungen, so dass ein zusammenhängender Text entsteht. – Behalten Sie die Zeit im Blick. – Überprüfen Sie, ob Sie alle Fragen beantwortet und alle Aufgabenteile gelöst haben. – Lesen Sie den Text am Ende noch einmal durch und korrigieren Sie Fehler.	– Bleiben Sie ruhig und atmen Sie einmal tief durch. – Sprechen Sie laut und deutlich. – Sprechen Sie nicht zu schnell und machen Sie kurze Pausen. – Wiederholen Sie die Aufgabenstellung nicht, sondern beginnen Sie direkt mit dem Vortrag. – Beantworten Sie alle Teile der Aufgabenstellung. – Behalten Sie die Zeit im Blick.

Checkliste: Grafiken/Diagramme beschreiben

Trainieren Sie die Grafikbeschreibung in 1 Minute mithilfe einer Checkliste:

- Lernen Sie im Vorfeld der Prüfung zu jedem Punkt der Grafikbeschreibung 2–3 Redemittel auswendig. Vorschläge finden Sie auf Seite 47f.
- Betrachten Sie die Grafik / das Diagramm nur unter den in der Aufgabenstellung gefragten Aspekten.
- Je nach Aufgabenstellung müssen Sie nicht alle Punkte Ihrer Checkliste bearbeiten.
- Notieren Sie nur Stichpunkte, keine vollständigen Sätze.

Titel/Thema: ....

Quelle: ....

Zeitraum der Befragung: ....

Diagrammart: ....

Maßeinheiten/Zahlen: ....

Ergebnisse: ....

....

....

Auffälligkeiten/Besonderheiten: ....

....

....

Vermutungen/Hypothesen zu den Ergebnissen: ....

....

....

Vermutungen/Hypothesen zu zukünftigen Entwicklungen: ....

....

Vergleich mit Heimatland: ....

....

Tipp für die Prüfung:

Unmittelbar vor der Prüfung werden Sie keine Zeit haben, sich eine Checkliste anzulegen. Sie sollten sich aber mit einem Textmarker oder Stift die hier aufgezählten Punkte in der Grafik markieren, um die gefragten Informationen zügig ablesen zu können.

Beispiel 1: Arbeitende Studierende

Prüfung: TestDaF, Mündlicher Ausdruck, Aufgabe 3 (Papierform)

In der mündlichen Prüfung von TestDaF könnte Aufgabe 3 folgendermaßen aussehen:

Einleitende Information:

Sie studieren an einer deutschen Universität und besuchen ein Tutorium für Erstsemester.
Ihre Tutorin Frau Miller gibt Ihnen eine Grafik mit dem Titel „Arbeitende Studierende" und bittet Sie, diese den anderen Studierenden zu erläutern.

Grafik/Diagramm:

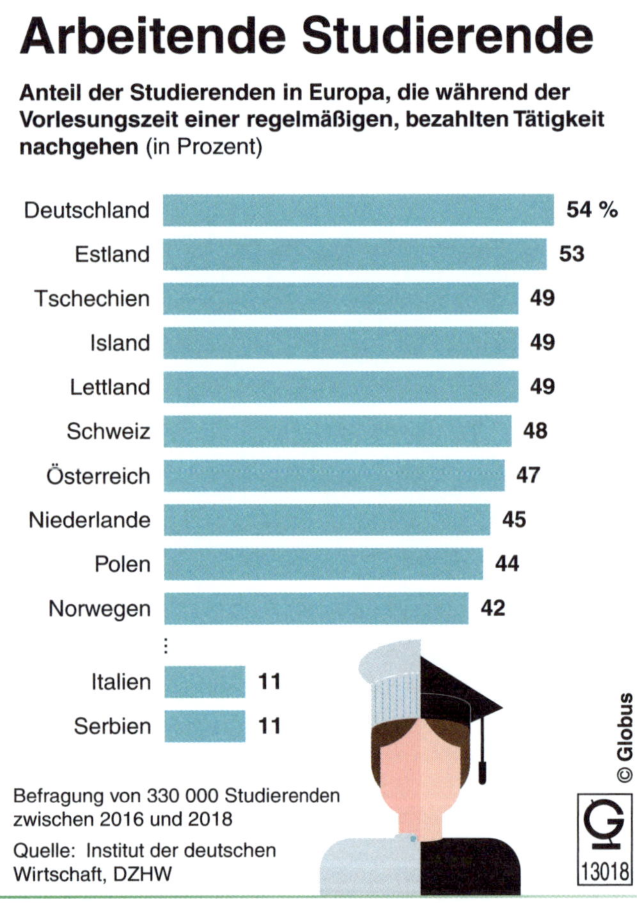

Infografik: Picture Alliance/dpa Infografik

Mögliche Aufgaben:

- **Beschreiben Sie zunächst den Aufbau der Grafik.**
- **Fassen Sie dann die wichtigsten Informationen zum Thema zusammen.**

Angaben zum Zeitumfang:

- Sie haben 1 Minute Vorbereitungszeit.
- Während der Prüfung müssen Sie in 1 Minute 30 Sekunden die Aufgaben mündlich beantworten.

Beispiel 2: So isst Deutschland

Prüfung: TestDaF, Mündlicher Ausdruck, Aufgabe 3 (Papierform)

In der mündlichen Prüfung von TestDaF könnte Aufgabe 3 folgendermaßen aussehen:

Einleitende Information:

In Ihrem studienbegleitenden Deutschkurs wird über das Thema „Ernährung" diskutiert. Der Kursleiter Herr Fischer verteilt eine Grafik zum Thema und fordert Sie auf, den anderen Studierenden die Grafik zu beschreiben.

Grafik/Diagramm:

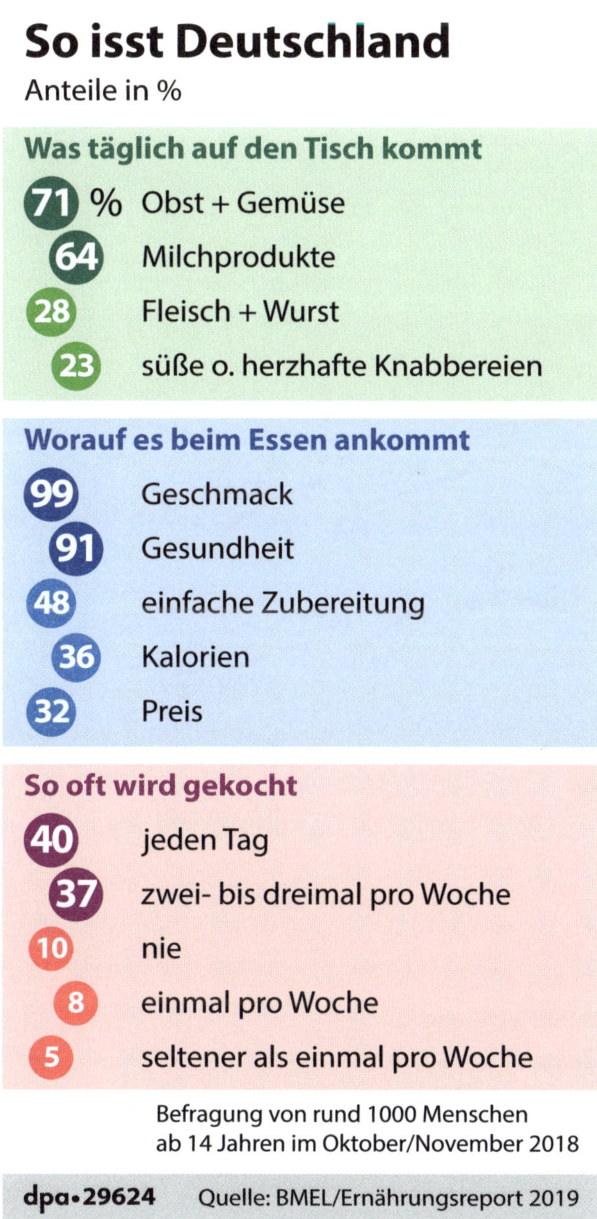

Infografik: Picture Alliance/dpa Infografik

Mögliche Aufgaben:

- **Beschreiben Sie zunächst den Aufbau der Grafik.**
- **Fassen Sie dann die wichtigsten Informationen zum Thema zusammen.**

Angaben zum Zeitumfang:

- Sie haben 1 Minute Vorbereitungszeit.
- Während der Prüfung müssen Sie in 1 Minuten 30 Sekunden die Aufgaben mündlich beantworten.

Beispiel 3: Jugendliche und Alkohol

Prüfung: TestDaF, Mündlicher Ausdruck, Aufgabe 6 (Papierform)

In der mündlichen Prüfung von TestDaF könnte Aufgabe 6 folgendermaßen aussehen:

Einleitende Information:

In Ihrem Soziologieseminar geht es heute um Jugendliche und Alkohol. Die Seminarleiterin Frau Dr. Gruber hat dazu eine Grafik verteilt, aus der Informationen zur Entwicklung des Alkoholkonsums von Jugendlichen hervorgehen. Frau Dr. Gruber bittet Sie, Ihre Überlegungen zu den Gründen der bisherigen Entwicklung und mögliche Folgen im Seminar vorzutragen.

Grafik/Diagramm:

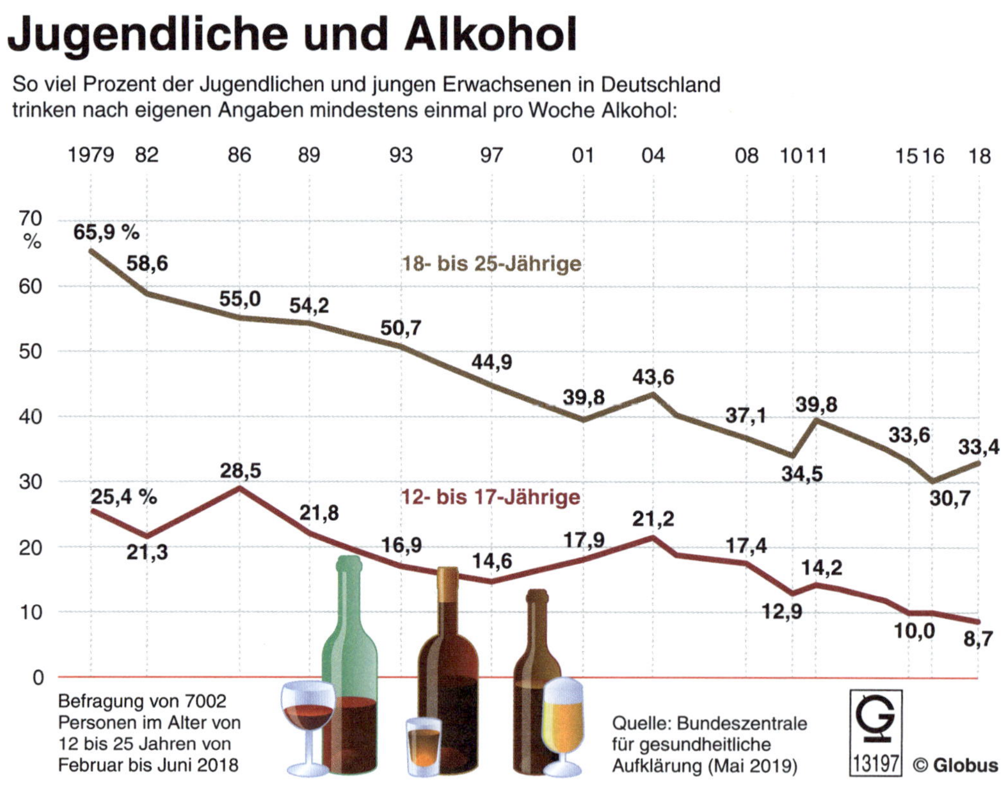

Infografik: Picture Alliance/dpa Infografik

Mögliche Aufgaben:

- **Nennen Sie mögliche Gründe für die dargestellte Entwicklung.**
- **Stellen Sie dar, welche Entwicklung Sie für die Zukunft erwarten.**
- **Beziehen Sie die Daten der Grafik in Ihre Überlegungen mit ein.**

Angaben zum Zeitumfang:

- Sie haben 3 Minuten Vorbereitungszeit.
- Während der Prüfung müssen Sie in 2 Minuten die Aufgaben mündlich beantworten.

Beispiel 4: Verbrauch von Plastiktüten

Prüfung: TestDaF, Mündlicher Ausdruck, Aufgabe 6 (Papierform)

In der mündlichen Prüfung von TestDaF könnte Aufgabe 6 folgendermaßen aussehen:

Einleitende Information:

In Ihrem Uniseminar wird über Umweltschutz diskutiert. Die Dozentin Frau Dr. Schmidt verteilt die Grafik „Verbrauch von Plastiktüten" über die Entwicklung des Verbrauchs von Plastiktüten im deutschen Einzelhandel. Frau Dr. Schmidt bittet Sie, Ihre Überlegungen zu den Gründen der bisherigen Entwicklung und deren Auswirkungen im Seminar zu präsentieren.

Grafik/Diagramm:

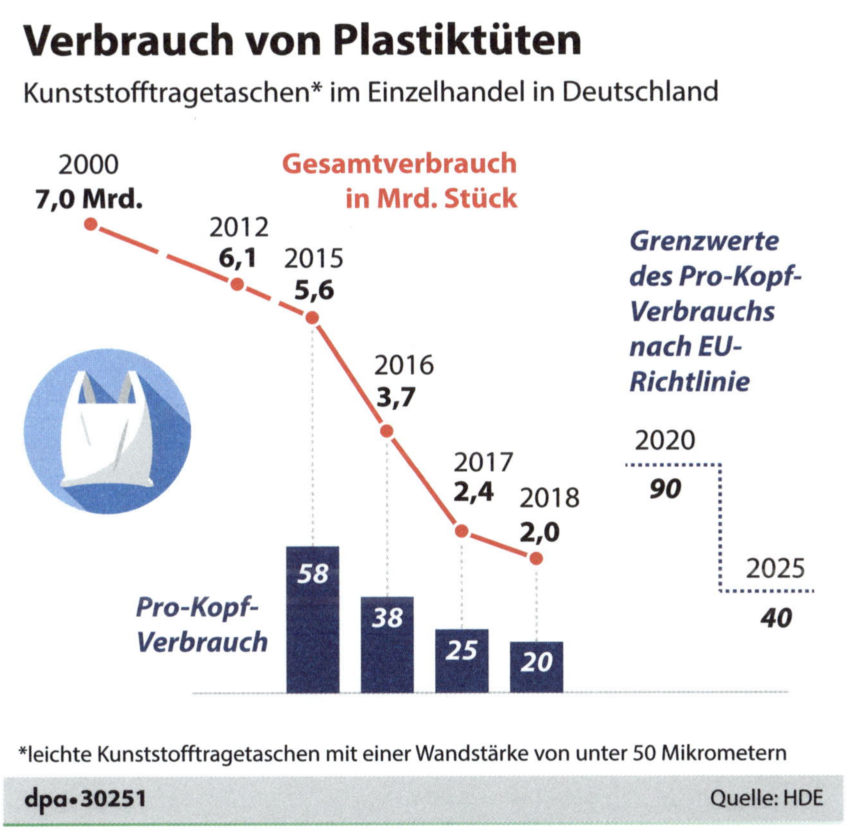

Infografik: Picture Alliance/dpa Infografik

Mögliche Aufgaben:

- **Führen Sie mögliche Gründe für die dargestellte Entwicklung auf.**
- **Stellen Sie auch dar, welche Auswirkungen Sie erwarten.**
- **Verwenden Sie dabei die Informationen der Grafik.**

Angaben zum Zeitumfang:

- Sie haben 3 Minuten Vorbereitungszeit.
- Während der Prüfung müssen Sie in 2 Minuten die Aufgaben mündlich beantworten.

Beispiel 5: Lernen mit Youtube

Prüfung: TestDaF, Schriftlicher Ausdruck (Papierform)

In der schriftlichen Prüfung von TestDaF müssen Sie in der Regel einen Text zu einem vorgegebenen Thema schreiben und dabei zwei Grafiken beschreiben. Im Zentrum dieses Hefts steht die Grafikbeschreibung, nicht aber das selbstständige Verfassen eines argumentierenden Textes. Deswegen werden im Folgenden nur Beispiele für mögliche Aufgaben gegeben:

Einleitende Information:

Immer mehr Kinder und Jugendliche lernen mit digitalen Medien. Dabei verwenden viele Jugendliche Youtube-Videos zu Hause als Ergänzung zum Lernen in der Schule.

Grafik/Diagramm:

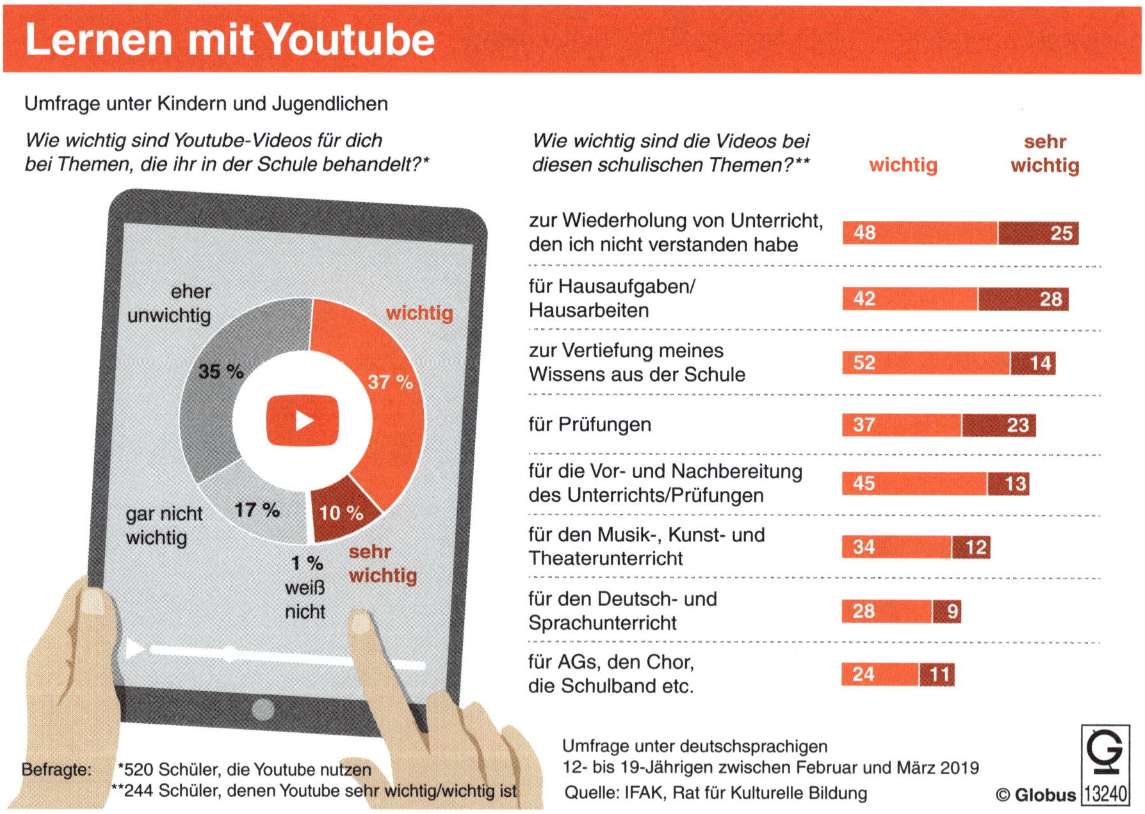

Infografik: Picture Alliance/dpa Infografik

Hinweise zu möglichen Aufgaben:

- Je nach Thema und Darstellung der Grafiken müssen Sie entweder den dargestellten Zustand oder die Entwicklung beschreiben und ggf. einen Vergleich der Ergebnisse anstellen.
- Weiterhin werden Ihnen eine oder auch zwei (kontrastierende) Meinungen vorgestellt, zu denen Sie begründet Stellung nehmen, eventuell Vor- und Nachteile der Ideen diskutieren und abschließend auf die Situation in Ihrem Heimatland eingehen müssen.

Mögliche Aufgaben:

Schreiben Sie einen Text zum Thema „Lernen mit Youtube-Videos".

- **Beschreiben und vergleichen Sie, wozu die Schülerinnen und Schüler Youtube-Videos verwenden.**
- **Welche Vorteile und welche Probleme sehen Sie dabei? Erläutern und begründen Sie Ihre Einschätzung.**

Zu diesem Thema werden unterschiedliche Meinungen vertreten:

- *Gerade Jugendliche sind oft noch sehr unkritisch. Das Lernen mit Mitteln aus dem Internet birgt gerade für Jugendliche große Gefahren, da die Inhalte nicht überprüft werden.*
- *Jugendliche können ihre Interessen anhand von Medien im Internet vertiefen und sind bereit für die Digitalisierung in Bildung und Arbeitswelt.*

- **Nehmen Sie zu den beiden Thesen Stellung und begründen Sie Ihre Meinung.**
- **Lässt sich diese Problematik auf universitäres Lernen übertragen? Welche Unterschiede sehen Sie?**
- **Vergleichen Sie auch mit der Situation in Ihrem Heimatland.**

Angaben zum Zeitumfang:

- Sie haben 60 Minuten Zeit für diesen Prüfungsteil.
- Davon sollten Sie 20 Minuten für die Grafikbeschreibungen einplanen.

Raum für Ihre Notizen:

Beispiel 6: Studium abgebrochen

Prüfung: TestDaF, Schriftlicher Ausdruck (Papierform)

In der schriftlichen Prüfung von TestDaF müssen Sie in der Regel einen Text zu einem vorgegebenen Thema schreiben und dabei zwei Grafiken beschreiben. Im Zentrum dieses Hefts steht die Grafikbeschreibung, nicht aber das selbstständige Verfassen eines argumentierenden Textes. Deswegen werden im Folgenden nur Beispiele für mögliche Aufgaben gegeben:

Einleitende Information:

Nicht alle Studierenden beenden ihr Studium mit einem Abschluss. Manche brechen ihr Studium vorher ab. Die Gründe dafür sind vielfältig und die Zahlen der Studienabbrecher variieren in den unterschiedlichen Fächergruppen.

Grafik/Diagramm:

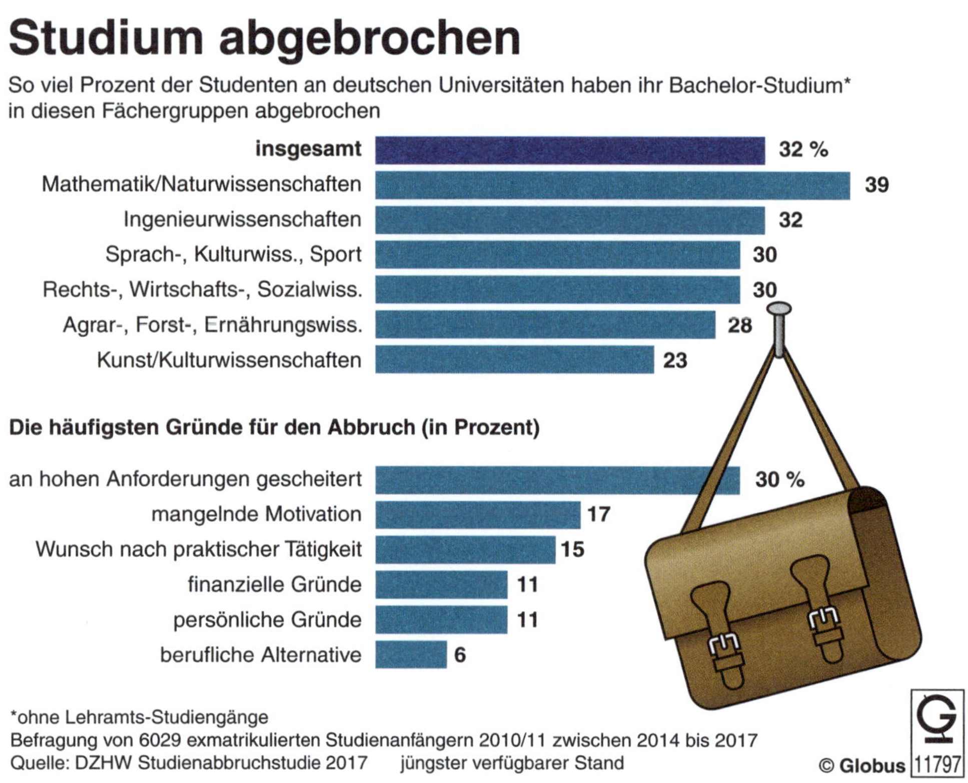

Infografik: Picture Alliance/dpa Infografik

Hinweise zu möglichen Aufgaben:

- Je nach Thema und Darstellung der Grafiken müssen Sie entweder den dargestellten Zustand oder die Entwicklung beschreiben und ggf. einen Vergleich der Ergebnisse anstellen.
- Weiterhin werden Ihnen eine oder auch zwei (kontrastierende) Meinungen vorgestellt, zu denen Sie begründet Stellung nehmen, eventuell Vor- und Nachteile der Ideen diskutieren und abschließend auf die Situation in Ihrem Heimatland eingehen müssen.

Mögliche Aufgaben:

Schreiben Sie einen Text zum Thema „Studienabbrecher an deutschen Universitäten".

- **Beschreiben und vergleichen Sie die Menge der Studienabbrecher in den einzelnen Fächergruppen und die genannten Gründe.**
- **Stellen Sie Vermutungen dazu an und begründen Sie Ihre Einschätzung.**

In vielen Ländern muss man eine Prüfung bestehen, bevor man studieren kann.
Sollte es das auch an deutschen Universitäten geben?

- **Nehmen Sie Stellung zu dieser Frage und begründen Sie Ihre Meinung.**
- **Diskutieren Sie mögliche Konsequenzen dieser Maßnahme.**
- **Gehen sie auch auf die Situation in Ihrem Heimatland ein.**

Angaben zum Zeitumfang:

- Sie haben 60 Minuten Zeit für diesen Prüfungsteil.
- Davon sollten Sie 20 Minuten für die Grafikbeschreibungen einplanen.

Raum für Ihre Notizen:

Beispiel 7: Auf Reisen

Prüfung: Goethe-Zertifikat C1, Schreiben

Im schriftlichen Prüfungsteil vom Goethe-Zertifikat C1 sollen Sie einen zusammenhängenden Text zu einer Grafik schreiben. Die Aufgabe könnte folgendermaßen aussehen:

Einleitende Informationen:

Die vorliegende Grafik liefert unterschiedliche Informationen zum Thema Tourismus als Wirtschaftsfaktor. Sie sollen einen zusammenhängenden Text dazu schreiben.

Grafik/Diagramm:

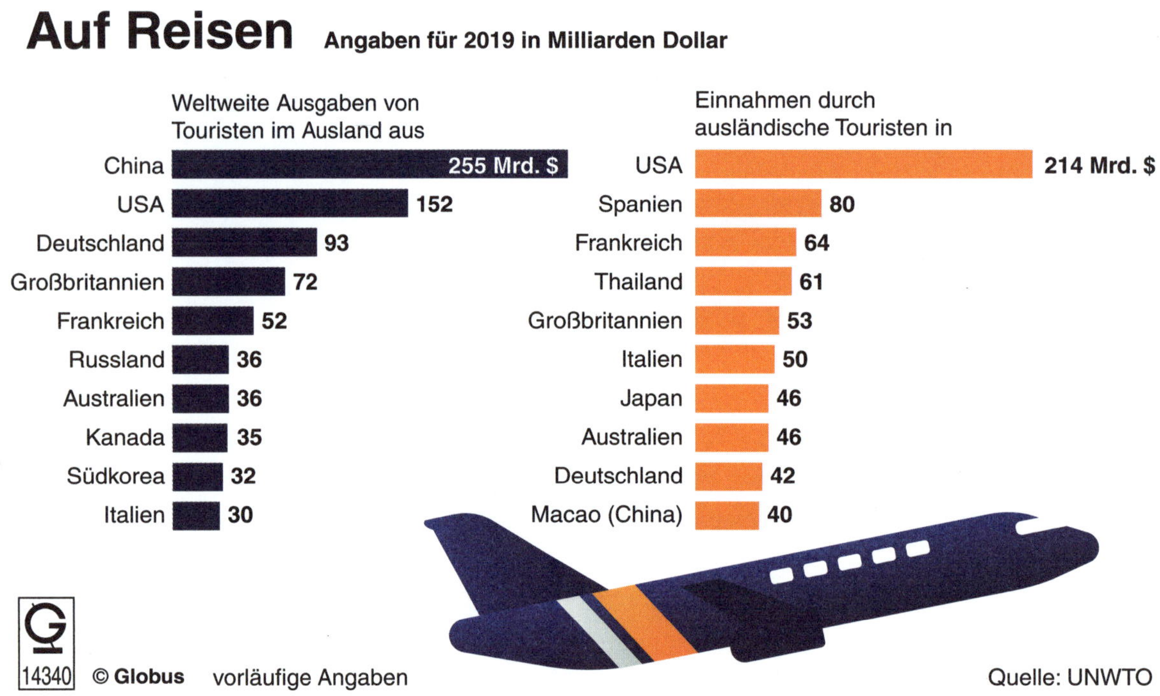

Infografik: Picture Alliance/dpa Infografik

Mögliche Aufgaben:

Schreiben Sie eine Stellungnahme zu folgenden Punkten:

- **Ergebnisse der Grafik**
- **Auffälliges beim Vergleich der beiden Diagramme**
- **Persönliche Erfahrungen mit Reisen und Tourismus**
- **Vergleich mit Ihrem Heimatland**
- **Entwicklung der Tourismusbranche: Ihre persönliche Meinung oder Einschätzung dazu**

Angaben zum Zeitumfang:

- Sie haben 65 Minuten Zeit für diesen Prüfungsteil.
- Sie sollen mindestens 200 Wörter schreiben.

Beispiel 8: Die Lücke beim Gehalt

Prüfung: Goethe-Zertifikat C1, Schreiben

Im schriftlichen Prüfungsteil vom Goethe-Zertifikat C1 sollen Sie einen zusammenhängenden Text zu einer Grafik schreiben. Die Aufgabe könnte folgendermaßen aussehen:

Einleitende Informationen:

Die Grafik zeigt, dass die Gehälter von Männern und Frauen nach wie vor unterschiedlich sind. Sie sollen sich zur dargestellten Entwicklung der Verdienstunterschiede äußern.

Grafik/Diagramm:

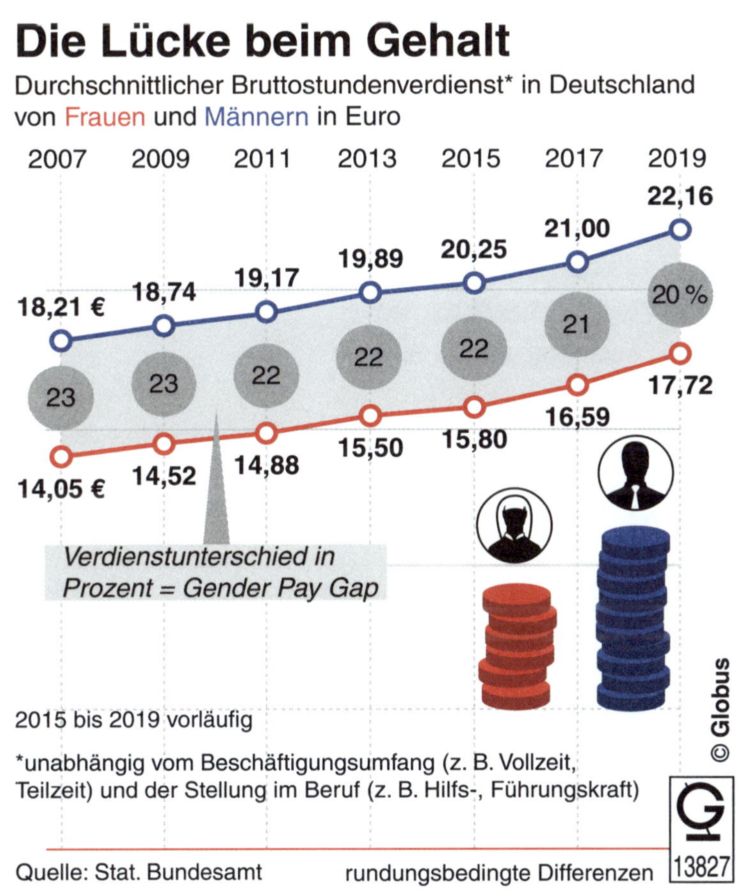

Infografik: Picture Alliance/dpa Infografik

Mögliche Aufgaben:

Schreiben Sie,

- **welche Ergebnisse die Grafik liefert.**
- **was Sie an der Grafik überrascht und warum.**
- **welche Gründe diese Entwicklung Ihrer Meinung nach haben könnte.**
- **wie die Situation diesbezüglich in Ihrem Heimatland ist.**
- **welche Maßnahmen Ihrer Meinung nach ergriffen werden könnten, um diese Entwicklung für Frauen positiv zu beeinflussen.**

Angaben zum Zeitumfang:

- Sie haben 65 Minuten Zeit für diesen Prüfungsteil.
- Sie sollen mindestens 200 Wörter schreiben.

Beispiel 9: Fremdsprachen lernen

Prüfung: Goethe-Zertifikat C1, Schreiben

Im schriftlichen Prüfungsteil vom Goethe-Zertifikat C1 sollen Sie einen zusammenhängenden Text zu einer Grafik schreiben. Die Aufgabe könnte folgendermaßen aussehen:

Einleitende Informationen:

Die Grafik informiert darüber, welche Fremdsprachen Schülerinnen und Schüler in der Europäischen Union lernen. Sie sollen sich zu dieser Thematik äußern.

Grafik/Diagramm:

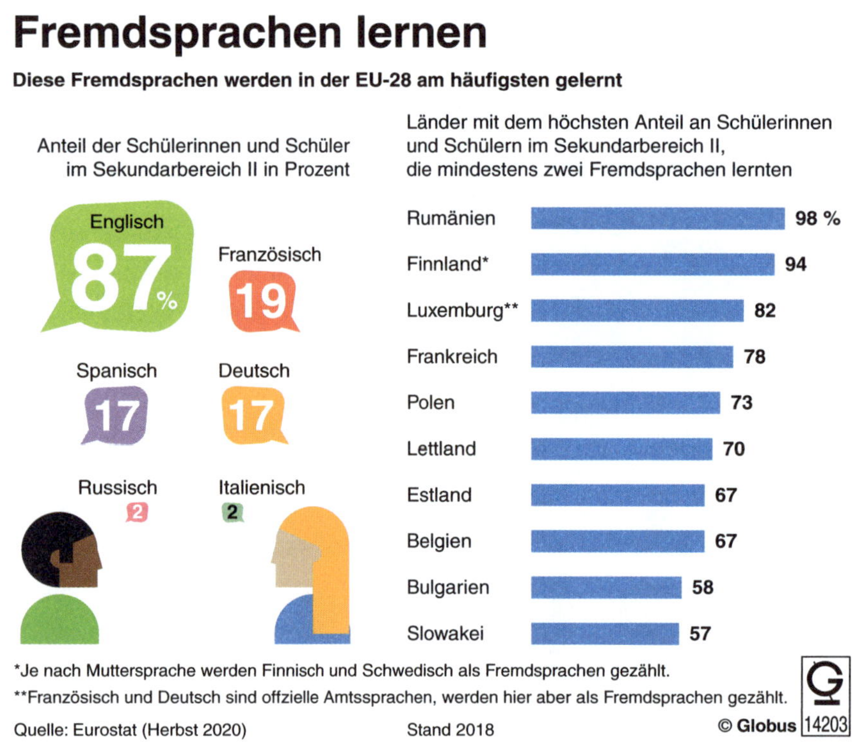

Infografik: Picture Alliance/dpa Infografik

Mögliche Aufgaben:

Gehen Sie dabei auf folgende Punkte ein:

- **Beschreiben Sie kurz den Aufbau der Grafik und stellen Sie die Ergebnisse dar.**
- **Welche Ergebnisse der Grafik sind auffällig?**
- **Welche Gründe sehen Sie für die Beliebtheit der unterschiedlichen Fremdsprachen?**
- **Vergleichen Sie die Ergebnisse mit Ihrem Heimatland.**

Angaben zum Zeitumfang:

- Sie haben 65 Minuten Zeit für diesen Prüfungsteil.
- Sie sollen mindestens 200 Wörter schreiben.

Lösungen: Training

Diagramm 1: Ausgaben für den privaten Konsum

1 a E, b G, c F, d A, e B, f D, g C

2 a B, b D

3 falsch sind:
- a vor dem Jahr 2018 / für die Jahre 2018 und 2019
- b Eurostat / die Deutsche Presse-Agentur (dpa)
- c einer Schätzung von ca. 60 000 Experten in Deutschland / einer Online-Befragung von ca. 60 000 Personen
- d Millionen / Prozent

4 a C, b A, c A

5 a im Monat, b in elf, c 908 €, d deutlich weniger, e am wenigsten

6
- a Auffällig ist, wie hohe Kosten Wohnen, Energie und Instandhaltung in Deutschland verursachten.
- b Mich überrascht, dass für Bildung nur sehr wenig Geld monatlich ausgegeben wurde.
- c Zusammenfassend kann man sagen, dass Haushalte in Deutschland 2018 etwa ein Drittel ihrer Ausgaben für Wohnen und damit verbundene Kosten aufgewendet haben.

7 informiert, zeigt / genannt, stammen, angegeben, stellt / entnehmen, Auffällig, liefert, geht

8 Titel und Thema / Quelle, Befragung / Aufbau, Diagrammart / Hauptteil: Ergebnisse / Auffälliges, Besonderheiten / Meinung und Vermutungen / Schluss

Diagramm 2: Die neuen Azubis

1
- a Die neuen Abzubis / Ausbildungsverträge
- b Kurvendiagramm / 2010 bis 2020
- c 2020 / Balkendiagramms
- d Veränderung / Prozent

2 a richtig, b falsch, c richtig

3
- a Dem vorliegenden Kurvendiagramm lässt sich die Entwicklung der Ausbildungsverträge in Deutschland im Zeitraum 2010 bis 2020 entnehmen.
- b Es fällt auf, dass die Zahl der neuen Azubis 2011 mit 569 000 am höchsten war.
- c Das Balkendiagramm liefert Informationen über die Aufteilung der Ausbildungsverträge in sieben verschiedene Branchen.
- d Aus der Grafik geht hervor, dass die meisten Ausbildungsverträge 2020 im Bereich Industrie und Handel abgeschlossen worden sind.
- e An zweiter Stelle befindet sich das Handwerk, das nur etwa halb so viele neue Azubis wie die Branche Industrie und Handel aufweisen kann.

4 a B, b A, c B, d B

5a A mit dem Titel, B informiert über, C im Zeitraum von, D anhand eines Balkendiagramms, E vergleicht; Prozent, F Als Quelle, G lässt sich entnehmen

5b A sank / verringerte sich / fiel, B ist ... zurückgegangen, C Diagramm, Balkendiagramm, D die meisten, E An zweiter Stelle / Auf dem zweiten Platz,
F Es fällt auf/ Auffällig ist / Es überrascht mich, G entnehmen; meisten / höchsten / größten,
H gesunken, I Zuwachs / Anstieg; Vergleich, J vermute ich / glaube ich / denke ich / nehme ich an

Diagramm 3: Pflegebedürftig

1 a B, b C, c A

2 um ein Säulendiagramm / um ein Säulendiagramm, das ein Kurvendiagramm bildet

3 Lösungsvorschlag: ... Millionen Menschen von 1996 bis 2018 stationär oder ambulant Leistungen der sozialen Pflegeversicherung bekamen.

4 c

5 a vorliegende, angestiegen; b informiert, unterscheidet; c verdoppelt, gewachsen

6 a F, b E, c A, d B, e G, f D, g C

7 a verdoppelte sich, auf fast das Zweieinhalbfache wuchs
b stagnierte, um ein Viertel zunahm
c um knapp ein Drittel anstieg, blieb ... gleich / war ... unverändert
d um fast die Hälfte zunahm, unverändert war / gleich blieb.

8a a E, b A, c F, d G, e B, f C, g D

8b individuelle Lösung

9a Beiträge, Anspruch

9b Lösungsvorschläge:
A zeigt, dass die Menge der Menschen, die finanzielle Unterstützung aus der Pflegeversicherung bekommen haben, [im Zeitraum von 1996 bis 2018] stark gestiegen ist.
B Die Grafik wurde von der [Deutschen Presse-Agentur] veröffentlicht. Als Quelle ist das [Bundesgesundheitsministerium] angegeben.
C die Zahl der Menschen/Leistungsempfänger
D die im Krankenhaus oder im Seniorenheim stationär gepflegt werden und Menschen, die ambulant gepflegt werden und zu Hause leben.
E sich die Zahl der Menschen, die stationär Leistungen empfangen haben, bis 2018 verdoppelt hat, ist die Zahl der Menschen, die ambulant gepflegt werden, fast
F liegt der Anstieg daran, dass die Deutschen generell immer älter werden und dadurch die Zahl der Pflegebedürftigen steigt. Dazu tragen zum Beispiel die Fortschritte in der Medizin bei.
G dass die Menge der Pflegebedürftigen und damit die benötigte Unterstützung der Leistung der Pflegeversicherung zukünftig weiter zunehmen wird.
H zeigt sich diese Entwicklung ähnlich / ist das ganz anders ..., weil ...

Diagramm 4: Treibhausgase in Deutschland

1 Lösungsvorschläge:

a sind Treibhausgase / ist der Ausstoß von Treibhausgasen in Deutschland bis 2019.

b die Entwicklung des Ausstoßes von Treibhausgasen im Zeitraum von 1990 bis 2019 in Millionen Tonnen./, wie sich der Ausstoß von Treibhausgasen von 1990 bis 2019 entwickelt/verringert/verändert hat.
aus welchen Bereichen 2019 die höchsten Emissionen prozentual/in Prozenten kamen.

c wird das Umweltbundesamt im März 2020 genannt. / einer Schätzung

d der Ausstoß von Treibhausgasen zwischen 1990 und 2019 generell zurückging / zurückgegangen ist, geringer wurde/geworden ist.
die Energiewirtschaft mit etwas weniger als einem Drittel den höchsten Anteil an Emissionen im Jahr 2019 verursachte.

2 a fiel von 1251 Millionen Tonnen im Jahr 1990 auf 805 Millionen Tonnen im Jahr 2019 (ist ... gefallen).

b die Menge an Treibhausgasen nicht stetig weniger wurde, sondern immer wieder kurz stieg, zum Beispiel von 1995 bis 1996 sowie zwischen 2009 und 2010 (weniger geworden ist / gestiegen ist).

c ging der Ausstoß von Treibhausgasen bis 2019 um mehr als ein Drittel zurück (ist ... zurückgegangen).

3 a knapp ein Drittel der Emissionen produzierte.

b etwas mehr als 10 % der Emissionen verursachten.

c auf einer der hinteren Positionen in der Tabelle liegt / ist / sich befindet.

d mit gut 20 % an zweiter Stelle der Tabelle liegt / ist / sich befindet.

4 a Ich kann mir vorstellen, eine große Rolle spielen

b Ein weiterer Faktor

c Vermutlich

d Einen wichtigen Beitrag; meiner Ansicht nach

e Nicht zuletzt glaube ich, dass;
zu den in der Grafik dargestellten Ergebnissen beitragen.

5 a Lösungsbeispiele siehe Aufgabe 1

b siehe Aufgaben 2 und 3

c siehe Aufgabe 4

Lösungen: Anwendung

Beispiel 1: Arbeitende Studierende

- Thema der Grafik: Anteil der Studierenden, die während der Vorlesungszeit regelmäßig arbeiten, im europäischen Vergleich
- Quelle: Befragung von europäischen Studierenden zwischen 2016 und 2018, Institut der deutschen Wirtschaft
- Diagrammart: Balkendiagramm vergleicht die Prozentzahlen der arbeitenden Studierenden in zwölf europäischen Ländern
- Ergebnisse: Deutschland und Estland an erster Stelle, etwas mehr als der Hälfte der Studierenden arbeiten während der Vorlesungszeit; an zweiter Stelle: Tschechien, Island und Lettland mit knapp unter 50 % der Studierenden, also nur etwas weniger.
- Besonderheiten: in Italien und Serbien arbeiten nur jeweils 11 Prozent der Studierenden
- Vermutungen: Studiengebühren, unterschiedliche Fördermöglichkeiten (Lösungsbeispiel)

Beispiel 2: So isst Deutschland

- Drei Themen: welche Nahrungsmittel täglich gegessen werden, was beim Essen wichtig ist und wie oft gekocht wird, jeweils in Prozent angegeben
- Quelle: Befragung von etwa 1000 Personen ab 14 Jahren, Oktober/November 2018, Bundesministerium für Ernährung und Landwirtschaft, Ernährungsreport 2019, veröffentlicht von der Deutschen Presse-Agentur
- Diagrammart: Prozentzahlen sind in den drei Kategorien jeweils nach Größe geordnet
- Ergebnisse: Obst und Gemüse wird am meisten verzehrt, gefolgt von Milchprodukten; Geschmack und Gesundheit spielen beim Essen eindeutig die größte Rolle; weniger als die Hälfte der Personen kochen jeden Tag
- Vermutungen: wahrscheinlich essen viele Menschen in der Kantine, in Restaurants oder beim Imbiss oder bestellen sich Essen (Lösungsbeispiel)

Beispiel 3: Jugendliche und Alkohol

- Dargestellte Entwicklung: Prozentzahl der Jugendlichen in Deutschland, die mindestens einmal pro Woche Alkohol trinken, nimmt im Zeitraum von 1979 bis 2018 stark ab
- Ergebnisse: Während sich die Prozentzahl der jungen Erwachsenen zwischen 18 und 25 Jahren in diesem Zeitraum halbiert, geht die Prozentzahl der 12- bis-17-Jährigen auf ein Drittel zurück.
- Mögliche Gründe für die Entwicklung: Alkoholwerbung eingeschränkt, Alkohol gesellschaftlich nicht mehr so angesehen, Abgabeverbot an Jugendliche (Lösungsbeispiel)
- Prognosen für die Zukunft: Entwicklung wird sich verstärken, da auch Erwachsene weniger Alkohol konsumieren (Lösungsbeispiel)

Beispiel 4: Verbrauch von Plastiktüten

- Dargestellte Entwicklung: Verbrauch von Kunststofftragetaschen im Einzelhandel in Deutschland von 2000 bis 2018 in Milliarden Stück nimmt enorm ab; zudem sinken der Grenzwert nach EU-Richtlinie sowie der tatsächliche Pro-Kopf-Verbrauch
- Ergebnisse: Verbrauch nimmt in Deutschland in diesem Zeitraum um das Dreieinhalbfache ab
- Mögliche Gründe für die Entwicklung: EU-Richtlinien, Gesetze im Einzelhandel (Plastiktüten nicht mehr umsonst), Umweltbewusstsein, Unverpackt-Läden etc. (Lösungsbeispiel)
- Prognosen für die Zukunft: wird weiter sinken, allerdings führt die Corona-Pandemie zum Verbrauch von mehr Plastiktüten, da mehr Essen und überhaupt mehr im Internet bestellt wird (Lösungsbeispiel)

Beispiel 5: Lernen mit Youtube

- Thema und Aufbau der Grafik: Die Bedeutung von Youtube-Videos für Kinder und Jugendliche für Schulthemen, das Kreisdiagramm links zeigt die Wichtigkeit von Youtube-Videos, das Balkendiagramm rechts zeigt, wie wichtig die Videos bei unterschiedlichen schulischen Themen sind
- Quelle: IFAK, Rat für Kulturelle Bildung; Umfrage unter deutschsprachigen Jugendlichen zwischen Februar und März 2019
- Ergebnisse: 10 % aller Jugendlichen sind Youtube-Videos beim Lernen sehr wichtig, etwas mehr als einem Drittel aller Jugendlichen sind sie wichtig; sie werden vor allem dazu genutzt, um Unterrichtsinhalte zu wiederholen, die nicht verstanden wurden, und für Hausaufgaben und Hausarbeiten.
- Besonderheiten: An vorletzter Stelle steht der Deutsch- und der Sprachunterricht, das ist überraschend, da es zum Beispiel für den Englischunterricht viel Material auf Youtube gibt. (Lösungsbeispiel)

Beispiel 6: Studium abgebrochen

- Thema der Grafik: Anzahl der Studierenden in Prozent, die ein Bachelor Studium an einer deutschen Universität zwischen 2014 und 2017 abgebrochen haben; Angaben zu den jeweiligen Studienfächern und den häufigsten Gründen für den Abbruch
- Quelle: DZHW Studienabbruchstudie 2017, Befragung von 6029 exmatrikulierten Studierenden
- Diagrammart: zwei Balkendiagramme
- Ergebnisse: Insgesamt haben knapp ein Drittel der befragten Studierenden ihr Studium abgebrochen, die meisten davon im Bereich Mathematik/Naturwissenschaften, danach folgen die Ingenieurwissenschaften. Als wichtigster Grund wurden mit 30 % die hohen Anforderungen des Studiums genannt.

Beispiel 7: Auf Reisen

- Thema der Grafik und Diagrammart: Zwei Balkendiagramme, das erste informiert über die Ausgaben von Touristen weltweit im Ausland, unterteilt in Heimatländer, das zweite über die Einnahmen durch ausländische Touristen in unterschiedlichen Ländern. Die Daten sind in Milliarden Dollar angegeben und beziehen sich auf das Jahr 2019.
- Quelle: UNWTO, Globus
- Ergebnisse: Eindeutiger Spitzenreiter bei den Ausgaben im Ausland: die chinesischen Touristen mit 255 Milliarden Dollar, zweiter Platz: aus den USA (etwa halb so große Ausgaben), dann: aus Deutschland (etwa ein Drittel der Ausgaben). Bei den Einnahmen durch Tourismus stehen die USA mit sehr großem Abstand auf dem ersten Platz, gefolgt von Spanien, Frankreich und Thailand (etwa ein Drittel der Einnahmen).
- Besonderheiten: Auffällig ist, dass sich die chinesischen Touristen bei den Ausgaben in anderen Ländern mit 255 Milliarden Dollar deutlich auf dem ersten Platz befinden, während China in der zweiten Tabelle auf der hintersten Position ist und nur 40 Milliarden Dollar durch Tourismus einnahm.

Beispiel 8: Die Lücke beim Gehalt

- Thema der Grafik: Entwicklung des prozentualen Verdienstunterschiedes zwischen dem Gehalt von Männern und Frauen zwischen 2007 und 2019 in Deutschland, angegeben als durchschnittlicher Bruttoverdienst pro Stunde, unabhängig von der Stellung im Beruf
- Quelle: Statistisches Bundesamt, veröffentlicht von der deutschen Presse-Agentur (dpa)
- Ergebnisse: Der Verdienstunterschied in Prozent (Gender Pay Gap) ist innerhalb von 12 Jahren (2007 – 2019) nur minimal um 3 Prozent gesunken und liegt im Jahr 2019 bei 20 %.
- Besonderheiten und Begründung: Interessant ist, dass die Grafik die Zahlen unabhängig von Beruf, Position im Beruf und Beschäftigungsumfang zusammenfügt (Lösungsbeispiel).

Beispiel 9: Fremdsprachen lernen

- Thema und Aufbau der Grafik: erster Teil links: Fremdsprachen, die in der Europäischen Union am häufigsten gelernt werden, Anteil der Schülerinnen und Schüler im Sekundarbereich II in Prozent; zweiter Teil rechts: Länder mit dem höchsten Anteil an Schülerinnen und Schülern, die mindestens zwei Fremdsprachen im Sekundarbereich II lernen, dargestellt als Balkendiagramm, Angaben in Prozent
- Quelle: Eurostat Herbst 2020
- Ergebnisse: Englisch eindeutig auf Platz eins, gefolgt von Französisch sowie Spanisch und Deutsch (je etwa ein Viertel), weit dahinter Russisch und Italienisch; in Rumänien, Finnland und Luxemburg lernen Schülerinnen und Schüler der Sekundarstufe II am häufigsten mindestens zwei Fremdsprachen
- mögliche Auswirkungen: kleinere Sprachen verlieren möglicherweise an Bedeutung, englische Wörter in vielen anderen Sprachen (Lösungsbeispiel)

Redemittel: Grafiken/Diagramme beschreiben

Im Folgenden werden die gängigsten Redemittel zur Grafikbeschreibung aufgeführt.
Die Liste erhebt keinen Anspruch auf Vollständigkeit.

Titel und Thema

- Die Grafik / Das Diagramm / Die Tabelle / Das Schaubild mit dem Titel X informiert über ...
- Das Thema der Grafik / des Diagramms / ... ist ...
- Aus der Grafik / dem Diagramm / ... geht hervor, dass ...
- Das Kurven- / Säulen- / Balken- / Kreisdiagramm zeigt, wie viele ...
- ...

Datenquelle, Erhebungszeitraum, Maßeinheiten

- Als Quelle der Angaben wird ... genannt / ist ... angegeben.
- Alle Daten stammen / sind aus einer Online-Befragung / einer Umfrage von ...
- Die Daten sind in Tausend / in Prozent / in absoluten Zahlen / in Millionen / ... angegeben.
- Die Daten / Angaben / Informationen beziehen sich auf ...
- Die Grafik stammt aus dem Jahr / Die Daten stammen aus dem Jahr ...
- Der Zeitraum der Befragung umfasst die Jahre ...
- ...

Aufbau und Art der Grafik / des Diagramms

- Die Grafik / das Diagramm besteht aus zwei / drei /... Teilen.
- Dem vorliegenden Kurven- / Balken- / Säulen- / Kreisdiagramm lässt sich entnehmen, ...
- Die Daten werden als Tabelle / Kreisdiagramm / Balkendiagramm / ... präsentiert.
- Anhand eines Balkendiagramms / Säulendiagramms / ... werden Informationen über / zu ... verglichen.
- Die Grafik / Das Diagramm / ... stellt die Aufteilung in ... / die Entwicklung von ... bis ... dar.
- Der dargestellte Zeitraum umfasst die Jahre von ... bis ...
- ...

Ergebnisteil: statischer Vergleich

- An erster / zweiter / letzter Stelle befindet sich / steht ...
- Auf Platz eins / zwei, auf den hinteren Plätzen ...
- Die meisten / Die wenigsten / Alle / Fast alle ...
- Die Mehrheit / Ein Großteil / Die Hälfte / Ein Drittel / Ein Viertel der, von ...
- Etwas mehr als / Deutlich weniger als ...
- Halb so viel wie / Etwa / Knapp halb so viel wie / An die ...
- Gleich hoch wie / Höher als / Am höchsten ...
- Die Zahl / Der Anteil ... lag / betrug / erreichte ...
- ...

Ergebnisteil: Veränderungen benennen

- steigen / wachsen / größer werden / zunehmen ...
- sich verdoppeln / sich verdreifachen / sich erhöhen ...
- Die Anzahl der ... / Der Preis der ... ist um ... gestiegen / stieg um ... auf ...
- sinken / zurückgehen / fallen / sich halbieren / kleiner werden / abnehmen ...
- ... ist leicht / stark / dramatisch / stetig gesunken
- ging auf ... zurück / ging um ... zurück
- absinken auf den geringsten Stand seit ...
- unverändert / gleich bleiben / stagnieren ...
- verglichen mit ... / während ...
- Der Anstieg / Der Rückgang / Die Tendenz / Der Trend ...
- ...

Die Hauptaussage zusammenfassen

- Zusammenfassend ist festzustellen / zu sagen / lässt sich sagen, dass ...
- Insgesamt ist festzuhalten, dass ...

Auffälliges, Besonderheiten

- Es fällt auf, dass / Auffällig ist, dass ...
- Interessant / Bemerkenswert ist / finde ich, dass ...
- Mich erstaunt / überrascht, dass ...
- Ich hätte nicht gedacht / erwartet, dass ...
- ...

Meinung und Vermutungen

- Ich glaube / vermute / denke, dass ... / Meiner Meinung nach ...
- Vermutlich / Wahrscheinlich / Vielleicht / Möglicherweise ...
- In meinem Heimatland ... so ähnlich / ganz anders, weil ...
- Mögliche Gründe für die vorliegenden Ergebnisse / Ein weiterer Faktor könnte sein ...
- Es scheint / könnte sein / ist anzunehmen, dass ...
- Eine mögliche Ursache / Ein wichtiger Faktor für die Entwicklung ...
- Es sieht so aus, als ob ... / Es könnte daran liegen ...
- Die Ergebnisse der Grafik legen nahe, dass...
- Meine Prognose / Vermutung ist ...
- Auf der einen Seite ... auf der anderen Seite ...
- Es ist zwar richtig, dass ..., aber ...
- Der These stimme ich zu / muss ich widersprechen, weil ...
- ...